Snapchat im Recruiting

Was wir von Social Media fürs HR lernen können

Das Buch für Personaler, die Snapchat endlich verstehen wollen

1. Ausgabe herausgegeben am 26.06.2016

Die Informationen in dem vorliegenden digitalen Buch wurden mit grösster Sorgfalt erarbeitet. Dennoch können Fehler nicht vollständig ausgeschlossen werden. Der Autor übernimmt keine juristische Verantwortung oder irgendeine Haftung für eventuell verbliebene Fehler und Folgen. Dieses Werk einschliesslich aller seiner Teile (Texte, Grafiken etc.) ist urheberrechtlich geschützt. Alle Rechte vorbehalten.

INHALTSANGABE

1. VORWORT 3
2. DAS AM DERZEIT STÄRKSTEN WACHSENDE NETZWERK 5
3. WARUM SNAPCHAT 6
4. WIE FUNKTIONIERT SNAPCHAT? 7
5. SNAPCHAT ANALYTICS AUFRUFE & VIEWS 19
6. ACHT SNAPCHAT IDEEN FÜRS EMPLOYER BRANDING 20
7. IHRE SNAPCHAT REICHWEITE STEIGERN 22
8. ES BRAUCHT WIRKLICH GUTE INHALTE 23
9. SECHS MAL GUTE INHALTE 24
10. SNAPCHAT RECHT 25
11. SCHLUSSWORT UND AUSBLICK 27
12. ÜBER DEN AUTOR 28
13. BUCHTIPP 29
14. HAFTUNGSSAUSSCHLUSS 30

1. Vorwort

Ich gehöre zur Generation Y und Social Media ist so etwas wie die Pop Musik der 80er Jahre, denn man muss mitreden können, ob man nun jeden Trend versteht oder nicht. Und gerade im geschäftlichen Umfeld werden Social Media Kanäle immer wichtiger. Dort trifft man auf eine aktive und spannende Zielgruppe, von der man lernen kann. Ein Kanal der derzeit in aller Munde ist, nennt sich Snapchat. Bereits seit Monaten erscheint Snapchat immer wieder in den Medien, aber auch im Freundeskreis wird oft darüber diskutiert. Doch viele fragen sich immer noch: Was ist Snapchat genau? Und kann ich Snapchat irgendwie beruflich nutzen? Für die Rekrutierung allenfalls?

Bei Snapchat handelt es sich um eine Foto-, Video- und Text-Messenger-App für Smartphones mit Apple iOs und Google's Android. Auf den ersten Blick wirkt Snapchat wie eine weitere, unspektakuläre App für junge Leute, die sich Einblicke in ihr Privatleben ermöglichen möchten. Doch der Schein trügt. Snapchat macht Portalen wie Facebook und Instagram bereits mächtig Konkurrenz. Täglich werden 700 Millionen Fotos (genannt Snaps) auf Snapchat gestellt und auch in Unternehmen in Europa konnte sich Snapchat mittlerweile festsetzen.

Doch warum ist Snapchat so erfolgreich? Vermutlich liegt es am Kernnutzen der Applikation. Denn anders als bei Facebook können die Fotos (meist) nur einmalig angeschaut werden und werden nach 24 Stunden wieder gelöscht. Dies ist in einer Zeit von ewig lebenden Dateien im Internet eine ungenutzte Marktlücke. Doch dazu später mehr.

Da Snapchat auf den ersten Blick durch das reduzierte Design und die ungewohnte Handhabung ein wenig verwirrend und ein wenig chaotisch wirken kann, will ich Ihnen hiermit wertvolle Tipps und Tricks verraten, damit sich keine peinlichen

Momente bei der Erstnutzung abspielen. Und gerade im Bereich Rekrutierung und Personalmanagement, beim Employer Branding und Aufmerksamkeitserhaschen der so genannten Millenials, gibt es den einen oder anderen Tipp oder Hinweis zu beachten.

Kurze Entstehungsgeschichte

Das Fundament von Snapchat wurde bereits im Sommer 2010 gelegt. Da dieses aber zu kompliziert und komplex war, waren zu Spitzenzeiten lediglich eine Handvoll Personen online. Die entscheidende und revolutionäre Idee wurde von einem der Gründer selbst geliefert, der sich eines Tages darüber beklagte, ein unangenehmes Foto versandt zu haben, was er am liebsten wieder rückgängig machen würde. Hier sprach er einen Punkt an, den sicherlich viele von Ihnen am eigenen Leib erfahren haben. Dies war auch die bahnbrechende Idee, die Snapchat heute zu einem einzigartigen Dienst macht. Doch die Idee von sich selbst zerstörenden Fotos konnte bis hierhin noch keiner verstehen. Als sei das nicht schon genug, meldete sich daraufhin ein Fotobuchunternehmen, welches das Anrecht auf den Namen Picaboo erhob. Daraufhin bekam die App den Namen, welche sie auch heute noch trägt: Snapchat.

Heute ist Snapchat, gerade in der Zielgruppe 16 – 30 nicht mehr wegzudenken, aber auch bei den über 30 jährigen wird sie immer beliebter. Was bedeutet das nun für Unternehmen und gerade fürs die Fachkräfte im Bereich Personal? Was kann das Recruiting von dieser App lernen und mitnehmen? Diesen Fragen wird dieses Buch auf den Grund gehen, mit Hilfe von spannenden, praktischen Einblicken, Tipps und Anleitungen, welche Sie direkt umsetzen können. Ich wünsche Ihnen viel Vergnügen beim lesen, entdecken und ausprobieren. Getreu nach dem Motto von Social Media, zuhören, zuschauen, anwenden, lernen.

2. Das am derzeit stärksten wachsende Netzwerk

Ich schreibe dieses eBook in Vorbereitung auf einen Workshop für Personaler im Sommer 2016. Die regelmässig veröffentlichten Updates zeigen, dass Snapchat seiner Zielgruppe durchaus treu geblieben ist und über die Zeit versucht hat, ihnen stetig neues Futter zu geben, um sie dauerhaft an sich zu binden. Die Zahlen geben dem Team Recht.

Ich habe mir vor rund 2 Jahren das erste Mal Snapchat installiert und es zunächst nur wenig genutzt, da ich die App einfach nicht verstanden habe und es auch keine genauen Erklärungen dazu gibt. Mittlerweile bin ich fast jeden Tag aktiv und poste was mir so vor die Smartphone-Kamera-Linse kommt oder stöbere in den so genannten Stories. Dies immer mit dem Ziel, herauszufinden wie man in diesem sehr begrenzten Rahmen bestmöglich Geschichten erzählen kann.

Snapchat hat eine rasante und abwechslungsreiche Vergangenheit hinter sich. Gefühlt war das Netzwerk schon mehrere Male tot. Dennoch gab es in letzter Sekunde immer einen Lichtblick und man fuhr weiter seinen Kurs. Für Aufsehen sorgte Snapchats CEO Evan Spiegel (*1990) definitiv, als er vor einigen Jahren ein 3 Milliarden Dollar Übernahmeangebot von Mark Zuckerbergs Facebook ablehnte. Damals wirkte er verrückt und alle nannten ihn einen Zocker. Für ihn hingegen hat sich das Zocken gelohnt und Snapchat ist mittlerweile 16 Milliarden Dollar wert und gehört zu den am schnellsten wachsenden sozialen Netzwerken überhaupt.

3. Warum Snapchat

Werfen wir zunächst einen Blick auf die Differenzierung von Facebook, der Messlatte aller sozialen Netzwerke. Drei Hauptunterschiede stechen heraus. Erstens: Snapchat ist deutlich intimer und exklusiver als Facebook. Während das grösste Netzwerk die Internetwelt im Sturm eroberte und alle Online-Menschen zu "Freunden" und damit weniger anonym machte, zieht Snapchat eine klare Grenze dazwischen. Von Aussen nicht einsehbar kommunizierten die User vor allem zu Beginn nur mit den Menschen, die ihnen wichtig sind und das 1:1, aber immer zeitlich limitiert und auf den Augenblick fokussiert. Zweitens: Snapchat wird von der Öffentlichkeit als besonders jung und „hipp" empfunden. Während man auf Facebook mittlerweile auch seine eigene Grossmutter und Tante finden kann, hat es Snapchat von Beginn an durch seine mobile-first Strategie auf die jüngste Zielgruppe abgesehen. Drittens hat die App fernab der elterlichen Kontrolle die Zeit zurückgedreht. Für den User selbst reicht das Versprechen der selbstzerstörenden Bilder und Videos, um Snapchat ihr Vertrauen zu schenken. Dazu passt auch die Aussage einer 15 jährigen jungen Dame, die ihr eigenes Nutzverhalten plus das ihrer Freunde in einem Mashable Artikel erläutert. Dort schreibt sie im Detail:

> *"Wenn ich sehen möchte, was meine Freunde gerade machen, checke ich Snapchat (weil wir dort Dinge machen können, ohne erwischt zu werden)." Ruby Karp, 15, Mashable.*

4. Wie funktioniert Snapchat?

Wenn man sich dazu entscheidet, die kostenlose App im Store zu laden, könnte man im ersten Moment enttäuscht sein. Die App wurde sehr schlicht gehalten und die Handhabung erklärt sich nicht gerade von selbst, vor allem weil die Funktionen wie das Wischen von links nach rechts nicht angezeigt werden. Hat man die App erfolgreich heruntergeladen, wird man gefragt ob man den Zugriff auf die Kontakte gestatten möchte (Ja), da man damit leichter seine Freunde hinzufügen (sprich „adden") kann. Zum Anmelden ist eine Mail-Adresse, das Geburtsdatum und ein Passwort, sowie ein Benutzername erforderlich. Diese Informationen und andere Einstellungen sind später in der App durch das Zahnradsymbol (oben rechts) am Bildschirmrand gekennzeichnet. Dort kann der Benutzer auch wählen, mit wem er seine selbstgestalteten Geschichten teilen möchte (Freunde oder Jeder).

Bei den Einstellungen sollten Sie auch direkt die Filtereinstellungen aktivieren, damit Sie später Ihre Fotos mit witzigen Filtern ausschmücken können, die sich dann mit links- und rechts-wischen anwenden lassen. Aber wie funktioniert die Handhabung der App und wo genau finde ich die verschiedenen Funktionen? Am besten App runterladen, öffnen und weiterlesen.

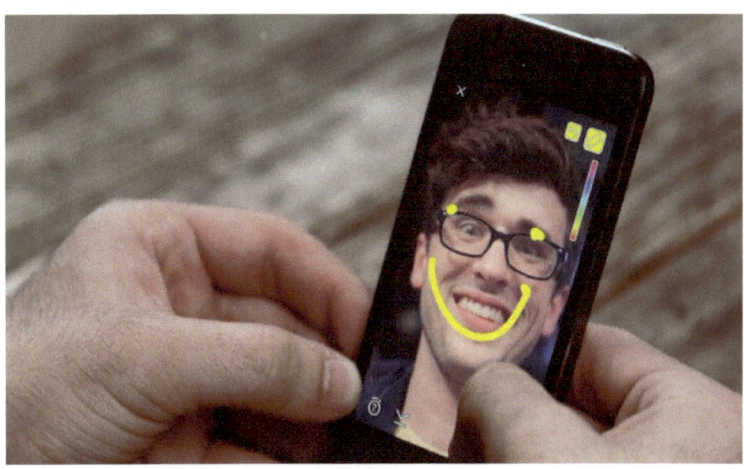

Abbildung 1: http://www.techtimes.com/articles/145013/20160328

Die Grundfunktionen

Haben Sie die App offen? Am besten macht man sich am Anfang mit den verschiedenen Bildschirmseiten vertraut. Öffnet man die App erscheint als erstes die Seite mit der Kamerafunktion. Von hier aus werden die Snaps geschossen und dann später verschickt. Wischt man nach oben, oder drückt auf das Geistsymbol oben in der Mitte, kommt man in eine Art Übersicht. Hier ist auch der Einstellungsbutton, gekennzeichnet mit dem Zahnradsymbol. Oben in der Mitte finden Sie das Trophäensymbol. Dieses zeigt Ihnen Ihre erhaltenen Trophäen. Das können z.B. ein erster versendeter Snap mit Filter oder auch das Erreichen eines neuen Scores sein. Der Score setzt sich aus der Anzahl von verschickten und erhaltenen Snaps zusammen. Zurück auf der Übersichtseite kann man sich ausserdem seine eigenen Freunde anschauen oder hat die Möglichkeit eigene zu adden. Hier erhält man auch die Nachricht, wenn man von einem neuen Freund ge-addet wurde. Gehen Sie von der Seite mit der Kamerafunktion nicht nach oben, wie wir das eben gemacht haben, sondern nach links, erreichen Sie die Übersicht der erhaltenen und gesendeten Snaps. Von hier aus kann auch direkt ein Chat mit einem Freund gestartet werden, indem man über dem Namen nach rechts wischt. Hat man noch keinen Snap von der entsprechenden Person erhalten, kann man durch das Symbol oben links die Personen in den Kontakten suchen und so einen neuen Chat beginnen. Die Funktionen dieser Seite erreicht man auch wenn man unten links auf dem Bildschirm auf das Sprechblasensymbol klickt. Unten rechts befindet sich auch schon unsere letzte Station. Drückt man nämlich auf das Symbol unten rechts am Bildschirm (gekennzeichnet durch 3 Punkte), erreicht man die Übersicht mit den Geschichten (*Stories*) seiner Freunde. Anders als normale Chats können *Stories* nicht nur einmal angeschaut werden, sondern immer wieder. Diese sind aber nur 24h lang nach Entstehung online, danach werden auch diese gelöscht. Ihre *Stories* können Sie immer wieder durch neue Fotos erweitern, aber wie gesagt wird jedes Foto, welches älter als 24 Stunden ist gelöscht (Hinweis: zur Zeit des Buches Juli 2016 ist Snapchat gerade daran mit einer Funktion genannt *Memories* zu verlängern). Hier befinden sich auch von Snapchat oder Prominenten selbst erstellte Geschichten, oder auch von gerade stattfindenden Veranstaltungen. Die Art der Geschichten geht vom Coachella, bis hin zu Electronic Games, bis hin zu aktuellen Nachrichtenthemen von CNN. *Stories* werden laufend durch Neue ausgetauscht.

Kamera Aufnahmen „Snaps"

Hat man sich einigermassen mit den wichtigsten Übersichten und ihren Funktionen vertraut gemacht, kann das „snapen" beginnen. Wie bereits erwähnt, erscheint nach dem Öffnen der App, direkt das Anzeigefester für das Aufnehmen von Fotos und Videos. Durch drücken auf die Fototaste – der Kreis unten in der Mitte - kann man sofort nach Öffnen der App ein Foto oder einen Film schiessen (für Foto *drücken*, für Film *halten*).

Am oberen rechten Bildschirmrand können Sie wählen, ob Sie die Front- oder Rückkamera verwenden wollen, um ein Foto zu machen. Oben rechts sind durch das Blitzsymbol die Einstellungen für den Blitz der Kamera. Hat man einen Schnappschuss erstellt, kann dann nach Lust und Laune das Foto mit Text oder verschiedenen Emoticons versehen werden. Wenn man seiner Fantasie freien Lauf lassen will, kann man das geschossene Foto sogar mit einer eigenen Zeichnung versehen oder in dem man einen Filter von rechts nach links wischt. Am Ende kann man über das Weckersymbol, unten links am Bildschirmrand wählen, wie lange das Foto beim Empfänger sichtbar sein soll (1 bis 10 Sekunden). Nun kann man es an einen oder mehrere Freunde aus der Freundesliste senden. Diese Freundesliste kann durch die Kontakte im Handy synchronisiert werden oder man sucht direkt nach der Person. Möchte man seinen Schnappschuss für sich behalten, kann dieser über das

Download Symbol im eigenen Album gespeichert werden. Dieses Symbol befindet sich links unten neben dem Weckersymbol. Achtung: Das muss bereits vor dem Senden gemacht werden, denn **nicht gespeicherte** *Snaps* werden auch auf dem eigenen Handy **nicht automatisch gespeichert**. Möchte man sein Foto in seine *Story* einfügen, drückt man das 3. Symbol von links mit dem +.

Die Fotobearbeitung

Es gibt viele Möglichkeiten, um aus einem gewöhnlichen Foto ein Meisterwerk zu gestalten. Hat man ein Foto geschossen, kann man oben rechts die entsprechenden Funktionen anwählen.

Text

Klicken Sie an eine beliebige Stelle des Bildes, um einen einzeiligen Text hinzuzufügen. Man kann hierbei auch Emojis im Text verwenden. Drücken Sie auf das T oben rechts, um den Text gross und linksbündig zu formatieren. Drücken Sie erneut das T, damit er zentriert wird. Während der einzeilige und schwarz hinterlegte Text sehr starr und unflexibel ist, kann man die grossen dickgedruckten Textzeilen frei auf dem Bild platzieren, sie drehen und kleiner oder noch grösser machen.

Tippen Sie dafür einfach den Text an und ziehen Sie ihn auseinander oder zusammen, um z.B. die Grösse zu verändern. Lässt man einen Finger auf dem Text und macht mit dem anderen auf dem Bildschirm eine Art Drehbewegung, kann man die Zeilen auch optisch in die gewünschte Richtung kippen.

Emojis und Zeichnungen

Oben links neben dem Text-Button kann man über das Post-it-Icon die Emojis finden. Hier stehen Ihnen sämtliche Smilies, Figuren und Zeichen von Whatsapp & Co ebenfalls zur Verfügung.

Wählen Sie einfach beliebig viele Emojis aus und platziere Sie diese anschliessend frei auf Ihrem Snap. Man kann sie, wie den weissen Text, ebenfalls mit den Fingern gross und klein ziehen und beliebig drehen.

Filter: Farben, Uhrzeit und Temperatur

Hat man ein Foto geschossen, kann man es durch wischen nach links und rechts mit einem Filter versehen. Diese geben z.b. auch die aktuelle Zeit oder den Standort an, an dem man sich gerade befindet. Ein Highlight der App ist aber, die Möglichkeit sich witzige Animationen ins Gesicht zu zaubern. Das können Feen-Haare und Hundeschnauzen sein oder man kann sich mit Hilfe der Technik 50 Jahre älter machen oder zu einem Vampir wandeln. Dazu muss man die Vorderkamera auf sein Gesicht ausrichten. Dann drückt man auf dem Bildschirm lange auf das eigene Gesicht die Gesichtserkennung startet. Sobald das Gesicht erkannt wurde, erscheinen unten neben dem Fotobutton Buttons mit unterschiedlichen Funktionen. Danach kann man eine Funktion oder Filter durch wischen von links oder rechts auswählen und ein Foto oder Video von sich selbst schiessen. Insgesamt stehen Ihnen jeden Tag insgesamt 10 Lenses zur Verfügung, die sich täglich aktualisieren und zu bestimmten Anlässen wie z.B. Weihnachten besonders kreative Effekte ermöglichen.

Filter: Zeitraffer, Slow Mo und Reverse

Seit dem November 2015 hat man die Möglichkeit, die Geschwindigkeit seiner Snaps zu verändern. Man kann seine Videos verlangsamen, beschleunigen oder rückwärts abspielen, was mir persönlich eine Menge Freude bereitet, vor allem der Reverse-Effekt.

Filter: Geofilter

Ebenfalls sehr besonders sind die sogenannten Geofilter. Sofern man Snapchat erlaubt hat, auf den eigenen Standort zugreifen zu dürfen, wird man vor allem in grösseren Städten den einen oder anderen Geofilter finden. Diese sind örtlich limitiert und immer nur in einem bestimmten Gebiet verfügbar. Erstellt wurden die meisten davon von normalen Usern wie Ihnen und mir, denn man kann neue Geofilter über die Snapchat-Website ganz einfach einreichen.

Chat-Inbox

Über den Button unten links gelangen Sie zu Ihrer Inbox, in der man sämtliche direkte Nachrichten seiner Freunde und Bekannten finden kann. Über den Button unten rechts kommt man zu den Snapchat Stories.

Profil

Das Profil öffnet man, indem man einfach den weissen Geist oben antippt. Danach schiebt sich ein neues Overlay über den Fotobereich und die Menü-Buttons oben ändern sich.

Snapcode

Im Mittelpunkt steht hierbei Ihr Snapcode. Dieser funktioniert wie ein QR-Code und andere Snapchat User können Sie durch Einscannen des Codes hinzufügen.

Der Geist im Snapcode ist standardgemäss weiss, man kann aber problemlos die weisse Fläche durch ein animiertes Bild von sich selbst ersetzen. Klicken Sie dafür einfach den Snapcode an und Sie werden zu einem Fotobereich weitergeleitet, in dem man jetzt mehrere Selfies von sich machen kann, die im Anschluss als animiertes Bild dort angezeigt werden.

Wer möchte, kann nun davon ein Screenshot machen. So kann man dann den QR Code auf Facebook, Instagram & Co. posten, oder diesen direkt als Profilbild auf den Kanälen verwenden.

Snapscore

Die Zahl unterhalb Ihres Snapcodes und Snapchat-Namens wird Snapscore genannt. Der angezeigte Wert setzt sich aus der Anzahl aller seiner verschickten und erhaltenen Snaps zusammen und gibt anderen Usern Auskunft darüber, wie aktiv man Snapchat nutzt. Aber eigentlich ist das ziemlich unwichtig.

Trophäenkiste

Als kleines Gamefication-Element dient die Trophäenkiste. Diese öffnet man über das Pokal-Icon oberhalb des Snapcodes. Die Trophäen sind kleine Auszeichnungen, die man durch verschiedene Aktionen auf Snapchat freischaltet. Wie man das genau macht und welche Pokale man freischalten kann, erfahren Sie im Detail in Kapitel "Snapchat Hacks".

Freunde & Personen hinzufügen

Schon Laotse sagte: "Der beste Snap bringt nichts, wenn ihn keiner sieht." steht so im Internet. Stimmt also. Und Recht hat er. Zeit etwas dagegen zu tun. Das Hinzufügen von Freunden und anderen Usern ist auf Snapchat relativ einfach.

Klicken Sie dafür zunächst auf der Profilseite unterhalb ihres Snapcodes auf "Freunde adden". Anschliessend stehen Ihnen die folgenden vier Optionen zur Verfügung:

Über Nutzernamen adden

Sollte man bereits den Nutzernamen der gewünschten Person kennen, tragen Sie ihn in dem dafür vorgesehenen Feld ein. Eine Personensuche gibt es nicht, deshalb achten Sie auf die richtige Rechtschreibung.

Aus Adressbuch adden

"Aus dem Adressbuch adden" ist im Vergleich zur ersten Variante deutlich einfacher. Sofern Ihre Freunde ihre Kontakte mit Snapchat teilen, findet man hier eine Liste seiner Bekannten, die bereits Snapchat nutzen, inklusive der Möglichkeit, ihnen zu folgen.

Über Snapcode adden

Diese Variante klingt zunächst kompliziert, ist aber eigentlich sogar super einfach und nützlich. Genau wie Sie haben auch alle anderen User einen eigenen Snapcode. Vielleicht hat man es ja schon auf Twitter gesehen. Dort gibt es ein paar Menschen, die ihren Snapcode als Twitter-Profilbild verwenden, wie zum Beispiel Tillate oder „Blick am Abend". Doch wie genau scanne ich den Code? Hierzu gibt es zwei Möglichkeiten.

Variante 1: Öffnen Sie den Code, den Sie scannen möchten, z.B. am Laptop. Der zukünftige Snapchat-Freund kann seinen Snapcode auch einfach am Smartphone aufrufen. Als nächstes aktiviert man in seiner Snapchat-App die Kamera und visiert den Code seines Freundes an, genauso, wie man einen QR-Code scannen würde. Tippen Sie jetzt nur noch mit dem Finger auf den Bildschirm und die App erkennt ihn, liest ihn aus und fügt die gewünschte Person zu seiner Kontaktliste hinzu.

Variante 2: Machen Sie einen Smartphone-Screenshot von dem Snapcode-Twitter-Profilbild des gewünschten Users. Im Anschluss leuchtet das Display kurz hell auf und der Screenshot landet in der Foto-Bibliothek. Gehen Sie nun über Ihr Snapchat-Profil zur Option "Über Snapcode adden" und wählen Sie den Screenshot mit dem Snapcode aus der Bibilothek aus. Im Anschluss wird er von der App gescannt und der neue Snapchat-Freund wird zum Adden angezeigt. Fertig.

In der Nähe adden

Okay, es geht wirklich noch einfacher, damit es keine Ausreden gibt, jemanden nicht zu adden. Das Feature "In der Nähe adden" wurde mit grosser Wahrscheinlichkeit für die erste Welle an Usern entwickelt, die damals Snapchat in der Schule genutzt haben. Aktiviert man diese Funktion, sucht die App nach anderen Leuten auf Snapchat, die gerade in ihrem Radius stehen und ebenfalls dieses Feature aufgerufen haben. Man bekommt im Anschluss eine Liste an Usern in der Nähe angezeigt, die man direkt hinzufügen kann. Die Funktion ist ganz gut vergleichbar mit der Anmeldung vom Smartphone oder Laptop im WLAN-Netz.

Snapchat Story vs. Privater Snap

Wenn man mit allem fertig ist, muss man sich nur noch entscheiden, ob man sein Bild / Video an bestimmte Personen schicken und / oder aber in seiner Snapchat Story teilen möchte. Alle Inhalte, die man über den Tag verteilt in der Story veröffentlicht, werden als langer Filmstreifen aneinandergereiht und ergeben so eine lange Geschichte. Daher auch der Name.

Um Ihren Snap in der Geschichte teilen zu können, klicken Sie auf den Button rechts neben der Speicher-Funktion. Um die Geschichte an Ihre Freunde zu verschicken, tippen Sie auf den Pfeil rechts unten am Bildschirmrand und wählen Sie im Anschluss die gewünschten Personen aus. Ein Empfänger-Limit gibt es dabei nicht. Beachten Sie dabei aber, dass der Empfänger Ihren Snap nur ein einziges Mal ansehen kann. Ist die Zeit abgelaufen, gibt es nur noch begrenzte

Wiederholungsmöglichkeiten. In den USA wurden im zweiten Quartal 2015 kostenpflichtige Replays eingeführt, d.h. möchte man einen besonders kreativen Snap seines Freundes nochmal sehen, muss man dafür zahlen. Ausserhalb der USA besteht diese Option nicht.

Tipp 1: Im Gegensatz zu normalen Snaps können andere User die Inhalte der Snapchat Story ganze 24 Stunden lang so oft ansehen, wie sie möchten. Erst nach Ablauf der Zeit löschen sich die einzelnen Inhalte oder man entfernt sie vorher einfach manuell.

Tipp 2: Egal ob privater Snap oder Story, andere Nutzer können jederzeit einen Screenshot von Ihren Bildern & Videos machen. Da es ein eingebautes Feature der Smartphones ist, kann es die App nicht verbieten. Aber: Sobald ein anderer User Ihr Bild "speichert", erhalten Sie eine direkte Benachrichtigung, die als Abschreckung dienen soll. Behalten Sie das immer im Kopf und verschicken Sie nur Bilder, die Ihnen nicht zu peinlich werden können.

.Geschichten, Stories und Memories

Die Geschichten sind, wie bereits oben erwähnt, 24h Stunden online und Ihre Freunde können sie sich so oft wie sie wollen anschauen. Hat man nun endlich seinen Snap verschickt, wird man auf die Übersichtsseite weitergeleitet. Diese Seite ist vergleichbar mit Ihrem E-Mail Posteingang. Die verschiedenen Snaps und die entsprechenden Namen der Empfänger oder Versender sind durch verschiedene Symbole mit unterschiedlichen Farben gekennzeichnet. Hier die Bedeutung:

Rotes Symbol: Jemand hat ein Foto geschickt

Lila Symbol: Es wartet ein Video

Blaues Symbol: Es wartet eine Textnachricht

Will man ein Video machen, geht das ganz ähnlich wie bei den Fotos. Hierzu hält man den Kameraknopf gedrückt und lässt ihn wieder los, sobald das Video fertig ist. Ab da geht alles wie gehabt, ausser dass man bei Videos natürlich nicht auswählen kann, wie lange der Empfänger das Video sieht.

Memories

Seit Juli 2016 kann man gemäss Snapchats neuestem Feature genannt *Memories* die Bilder und Videos speichern. Das soll dafür sorgen, dass die Menschen immer wieder kommen und sich diese Erinnerungen, oder eben *Memories* anschauen. Snapchat selbst sagte zur neuen Funktion, dass sie erst im Beta Stadium sei, aber dass es die Funktion nach zahlreichen Benutzeranfragen hinzugefügt habe, und es würde allmählich für alle Benutzer freigegeben werden.

Memories sind also nicht nur eine Möglichkeit, Benutzer zu halten, sondern auch ein Weg, um mehr Menschen für Snapchat zu begeistern. Der anfängliche USP (Alleinstellungsmerkmal) und eventuell auch Reiz von Snapchat der verschwindenden Fotos wurde möglicherweise für die mehr als 100 Millionen Nutzer über 35 Jahren erstellt. Snapchat folgt damit ein wenig Facebook und wird immer mehr zur Medienplattform. Doch so viel witzige Funktionen und Spassfaktoren und neu auch *Rückblick* Möglichkeiten Snapchat besitzt, Snapchat konnte in letzter Zeit auch im professionellem Business Fuss fassen.

Aufmerksamkeit durch Snapchat Stories

Die Snapchat Story ist eine Sammlung aller Bilder und Videos, die man an einem Tag gepostet hat und die im Anschluss ohne Unterbrechung einen langen Film ergeben. Sobald man etwas in der Geschichte gepostet hat, wird es allen, die ihnen folgen angezeigt. Sieht sie sich jemand an, erhält Ihre Geschichte in der Statistik einen

Aufruf. Das Praktische: Jedes weitere Bild / Video, was man im Anschluss in die Geschichte einfügt, erhält ebenfalls eine Aufrufzahl.

Die generierten Aufrufzahlen sind dabei im Gegensatz zu den Facebook Views qualitativ sehr hochwertig, da der externe Betrachter aktiv die Geschichte anklicken und warten muss, bis das neue Puzzlestück erscheint, oder zumindest bereits bekannte Inhalte durch das Antippen mit dem Finger überspringt. Auch wenn ein Aufruf bereits nach einer Sekunde als gezählt angesehen wird, ist die Aufmerksamkeit bei Snapchat auch am Ende extrem hoch, weil die Follower bis zum Ende dran bleiben und den entsprechenden Inhalt auch wirklich konsumieren wollen.

Snapchat Stories sind eine tolle Möglichkeit gute Geschichten zu erzählen. Bereits jetzt wird dieses Feature schon für News, Dokumentationen und DIY-Anleitungen genutzt. Der Kreativität sind dabei keine Grenzen gesetzt. Ob es nun ein Einblick ins Labor, die Betriebskantine oder Lohnadministration wird, überlasse ich ganz Ihnen.

5. Snapchat Analytics Aufrufe & Views

Während man auf anderen Netzwerken relativ schnell herausfinden kann, wie viele Follower ein bestimmter Account hat oder wie oft ein Video aufgerufen wurde, bietet Ihnen Snapchat neben dem Snapscore nur eine weitere Möglichkeit der "Erfolgsmessung", nämlich wie oft Ihre Story aufgerufen wurde.

Im Detail werden Ihnen für jedes Bild / Video in der eigenen Geschichte die einzelnen Aufrufe aufgezeigt. Klappen Sie dafür die Details Ihrer Story aus, indem Sie, wie schon beim Speichern & Löschen, rechts neben "Meine Geschichte" auf die drei Punkte tippen. Danach werden alle Einzelelemente Ihrer Geschichte sichtbar. Rechts sieht man dann, sofern Aufrufe generiert wurden, die genaue Anzahl der Views und ob der jeweilige Snap von anderen Nutzern gescreenshottet wurde. Tippt man einen einzelnen Snap in seiner Geschichte an, öffnet er sich Fullscreen und man siehst am oberen Rand nochmal die gleichen Angaben. Jedoch kann man nun, wenn man auf die View-Anzeige tippt, sehen, wer genau Ihren Snap angesehen hat. Mehr Daten zur Auswertung gibt Snapchat zum jetzigen Zeitpunkt nicht heraus.

6. Sieben Snapchat Ideen fürs Employer Branding

Wie man in den bisherigen Kapiteln sehen konnte, ist Snapchat ziemlich vielseitig und man kann das Netzwerk für die unterschiedlichsten Zwecke nutzen. Auch für Unternehmen wird die App immer spannender, vor allem, weil die Nutzer sehr aufmerksam die einzelnen *Snaps* konsumieren. Ich möchte Ihnen hier auch zeigen, wie man Snapchat in **Sachen Employer Branding** optimal einsetzen kann.

Snapchat Marketing – warum?

Sie werden sich vielleicht schon die ganze Zeit fragen, warum man nicht einfach weiter seine Inhalte auf Facebook oder Twitter posten sollte? Nun, Snapchat hat gegenüber der Konkurrenz einen grossen Vorteil: Die zahlreichen Bilder und Videos einer normalen Story würde man aufgrund der hohen Frequenz in jedem anderen Netzwerk als Spam empfinden und gleichzeitig würde er untergehen. Bei Snapchat hingegen reiht sich alles in einem langen Filmstreifen aneinander und nervt die User nicht, sondern setzt auf **Gamification** (Spielwert).

1. Wir sind das Team

Wer arbeitet alles bei Ihnen? Haben diese Personen Hobbies oder besondere Fähigkeiten die in 10 Sekunden präsentiert sind? Das können einzelne Mitarbeiterinnen und Mitarbeiter mit Statements oder ein Schulterblick über deren Tätigkeiten sein. Sie können damit exklusive Einblicke gewähren und vermenschlichen den Zugang enorm. Wir alle mögen Gesichter und Geschichten dahinter.

2. Sneak Peak

Ein neues Produkt wird lanciert, Ihre Lernenden arbeiten an einem Spezialprojekt? Snapchat ist ideal um exklusive Einblicke zu geben. Filter inklusive.

3. Hinter den Kulissen

Wie entstehen Produkte oder wie läuft ein Meeting bei Ihnen ab? Wie wird eine Röntgenmaschine oder CNC Fräse eingestellt? Eine Möglichkeit für .

4. 24h Aktionen

Da Fotos und Videos auf Snapchat nach dem ersten Ansehen verschwinden, eignet sich die App um einzelnen Fans und Follower gezielt auf Aktionen hinzuweisen. Zum Beispiel kann das eine Führung im Betrieb sein um hinter die Kulissen zu blicken, oder an eine Degustation oder einen Event, eine VIP Party: die ersten 50 Follower bei Snapchat die sich melden, sind dabei.

5. Wettbewerbe

Ähnlich wie 24 Stunden Aktionen lassen sich auch Wettbewerbe nutzen. Es kann ein guter Weg sein um seine Follower abzuholen. Beispielsweise können Sie Ihre Follower dazu auffordern ihr kreativstes Selfies, ihr Lieblingsprodukt, etc. zu snappen. Die Gewinner erhalten dafür einen Gutschein. Aber Achtung: gerade in Mitteleuropa und in der Schweiz sind die Leute nicht so „Präsentations-affin".

6. Events und Messen: Live Streams

Sie haben einen tollen Event? 100 Jahres Feier? Ein besonderer Messeauftritt für Absolventinnen und Absolventen? Snapchat eignet sich für eine zeitnahe Übertragung von aktuellen Ereignissen – die Qualität darf ruhig VJ mässig daher kommen (Video-Jockey, improvisiert und etwas wackelig ist ok auf Snapchat).

7. Account Takeover

Übergeben Sie den Account Ihren Lernenden – mit ein paar Spielregeln und schauen Sie was dabei heraus kommt.

7. Ihre Snapchat Reichweite steigern

Die reine Theorie wird Ihnen kaum Aufmerksamkeit oder Fans auf Ihre **Stories** lenken. Deshalb möchte ich Ihnen erklären, wie Sie Ihre Reichweite auf Snapchat steigern können, um mehr Menschen zu erreichen.

Hinweis: "Wie ich 10'000 Follower bekam"-Geschichten und Angebote sind Humbug. Sparen Sie sich das Geld und die Zeit. Fans sind, egal auf welchem Netzwerk, immer zeitintensiv und mit Arbeit verbunden. Zudem sind meiner Meinung nach 500 treue Follower viel mehr wert, als 10'000, die nur mal vorbeischauen und Sie gar nicht zu schätzen wissen.

Aber egal wie gut Ihre Snaps sind, wenn keiner weiss, dass Sie jetzt auch auf Snapchat aktiv sind, wird Sie keiner sehen.

Deshalb müssen Sie sich präsentieren auf anderen Kanälen und auf sich aufmerksam machen. Am einfachsten geht es, wenn Sie wie erwähnt Ihren persönlichen Snapcode unter http://accounts.snapchat.com/accounts/snapcodes herunterladen oder innerhalb der App einfach einen Screenshot davon machen. Posten Sie ihn nun auf all Ihren bestehenden Social Media Kanälen, mit dem Hinweis, dass Sie ab sofort auch auf Snapchat zu finden sind.

Sofern man das schon getan hat, empfehle ich Ihnen, immer mal wieder gute Snaps zu speichern und diese ebenfalls über Ihre Profile auf Facebook oder Twitter zu teilen mit dem Link und Hinweis, dass es mehr von Ihnen auf Snapchat zu sehen gibt (Immer Nutzernamen angeben). Geben Sie den Leuten aber einen echten Anreiz, Ihnen bzw. Ihrem Unternehmen auf Snapchat zu folgen. Je überzeugendere Gründe man liefert, desto wahrscheinlicher ist es, dass Sie neuen Follower gewinnen.

8. Es braucht wirklich gute Inhalte

Mit genügend Aufmerksamkeit kriegt man die User zwar dazu, das Profil anzusehen, damit sie aber bleiben bzw. wiederkommen, sind wirklich gute Inhalte wichtig. Experimentieren Sie ruhig mit dem Netzwerk anfangs. Aber erwarten Sie in dieser Zeit keine allzu grossen Erfolgserlebnisse. Die besten Accounts auf Snapchat sind die, die es schaffen, Geschichten (also echte Stories) zu erzählen. Gute Geschichten haben den Vorteil: Wenn sie wirklich gut sind, ist die Wahrscheinlichkeit hoch, dass die Zuschauer Screenshots von ihnen machen und / oder sie im Anschluss ihren Freunden zeigen. Aber erzählen Sie bitte keine Märchen, sondern Inhalte, die einen Anfang und ein Ende haben und dazwischen Informationen oder Eindrücke vermitteln. Bei der *Huffington Post* gibt es öfter Do-it-yourself-Bastelanleitungen (DIY), bei *CNN* Eindrücke hinter der Kamera.

Snapchat ist ein Aufmerksamkeitsmonster und deshalb sehr interessant für Privatpersonen und Unternehmen in Sachen Marketing. Egal ob Events, News oder DIY: Gute Snapchat Stories kann man zu jedem beliebigen Thema erstellen. Für mehr Follower sollte man unbedingt über bereits bestehende Kanäle auf sein Snapchat Profil aufmerksam machen. Sind Ihre Geschichten dann auch noch authentisch und mit einer persönlichen Note versehen, können Sie loslegen.

9. Sechs mal gute Inhalte

1. Nicht der Filter sondern **die Authentizität** zählt! Es ist wichtig auf Snapchat, dass die Abonennten möglichst nah am Geschehen dran sind.
2. **Täglich frischer Content**, auch wenn das natürlich nicht für jedermann machbar ist, aber jeder erfolgreiche Snapchat Kanal veröffentlicht mehrmals am Tag etwas. Dadurch entsteht über die Zeit natürlich auch eine entsprechende Bindung wie früher zur TV Serie am Abend.
3. **Überraschungen**. Jeden Tag übernimmt eine neue Person den Kanal. Als Zuschauer weiss man so nicht, was einen erwartet. Es kann ein Photoshooting sein, oder ein Konzert. Oder sexy Damen, die eine Wand schwarz anmalen. Alles ist möglich und genau diese Unwissenheit hat mich super schnell angefixt.
4. **Takeovers** sind mächtig—eines der Hauptprobleme von Snapchat ist es, genügend Reichweite auf die eigenen Inhalte zu bekommen. In der App selbst gibt es keine Suche, von daher muss man von anderen gefunden werden. Da hilft nur die Bewerbung des Snapchat Kanals über andere Social Media Kanäle.
5. **Gesammelte Inhalte**: Richtig spannend wird Snapchat wenn Sie es schaffen, Inhalte zu verbinden. So können Sie zum Beispiel zu bestimmten Anlässen öffentlich publizierte User-Snaps zu kleinen Geschichten zusammen stellen in der eigenen Story.
6. **Experimentieren Sie!** Für manche ist es der Firmen Papagei, für andere die Köchin, für wiederum andere, der Chef: je nach Inhalt oder Person kann der Erfolg eines Kanales top oder flop sein. Probieren Sies es aus und lernen Sie.

10. Snapchat Recht

Verbunden mit dem Nutzen der App häufen sich auch die rechtlichen Fragen. Sollte man seinen Snapchat Account für sein Unternehmen nutzen, sollte man sich gewissen Dingen umso mehr bewusst sen.

Rechte von Snapchat an Snaps und Datenschutz

Das erste Thema, welches man im Zusammenhang mit Snapchat immer wieder hört: Datenschutz und der Rechte an den Bildern. Was darf Snapchat? Darf es meine Bilder verwenden oder gar meine Daten weitergeben?

Wie jedes andere soziale Netzwerk auch, lässt Snapchat sich sehr umfangreiche Nutzungsrechte einräumen. Dadurch sind sie rein theoretisch berechtigt, den Verkauf der Inhalte an Dritte oder die Veröffentlichung von Snaps zu erlauben – sofern ich diese AGBs auch akzeptiert und damit zugestimmt habe.

Genauer gesagt stimmt man folgendem zu: *Man gewährt Snapchat die weltweite, unbefristete, gebührenfreie [...] Lizenz, ihre Inhalte zu speichern, zu nutzen, auszuspielen, bearbeiten, veröffentlichen [...]. Wir werden diese Lizenz für begrenzte Zwecke nutzen um [...] unsere Dienste zu verbessern und die veröffentliche Inhalte für unsere Geschäftspartner für deren Zwecke zugänglich zu machen [...].*

Kurz zusammengefasst: Diese Lizenz gibt Snapchat die Möglichkeit, Ihre Fotos und Videos für Marketing-Kampagnen, Auswertungen und für Geschäftspartner zu nutzen. Seien Sie sich also immer darüber im Klaren, dass Ihre Daten bei Snapchat gespeichert werden und Sie damit einen Teil seiner Privatsphäre preisgeben. Namen, Orte und Ereignisse, die man über Snapchat teilt, können auch ausserhalb von Snapchat genutzt werden.

Doch bevor man jetzt wütend und empört die App löschst und seine Wut auf Twitter, Facebook oder Instagram postest, sollte man dabei bedenken, dass die Währung der Nutzung heute nicht mehr Geld sondern Daten sind bei diesen Plattformen.

Ihre Rechte und Pflichten bei Snapchat

Abgesehen von dem, was Snapchat mit Ihren Bildern machen darf, haben Sie selbst auch eigene Verpflichtungen, wenn Sie Bilder verschicken oder diese über eine Story verbreiten.

Urheberrecht an Snaps

Nicht nur Snapchat kann Ihre Bilder weiterverbreiten. Hat man ein gutes Bild über Snapchat verschickt, kann der Empfänger einen Screenshot machen und das Bild weiterverbreiten. Dies ist ohne Einwilligung nicht erlaubt. Der Fotograf ist Urheber des Bildes und darf daher entscheiden, was mit dem Bild passiert und wer es nutzen darf. Sollte jemand gegen Ihren Willen ein Bild verbreiten, welches Sie selbst gemacht haben, können Sie sich hiergegen wehren. Das geht natürlich auch andersrum! Verbreiten Sie daher besser keine Snaps von anderen ohne deren Einwilligung.

11. Schlusswort und Ausblick

Ich hoffe, Sie konnten den einen oder anderen Einblick in Snapchat gewinnen und dass es Sie zumindest reizt, mehr auszuprobieren und heraus zu finden. Vielleicht können Sie anfangs einfach die App herunterladen und etwas beobachten, was andere so machen, oder fragen Sie in Ihrem Betrieb nach der entsprechenden Zielgruppe und deren Ideen und Ansprüche.

Versuchen Sie auf jeden Fall die Marketing-Schiene Aussen vor zu lassen, bleiben Sie menschlich und authentisch, keine Werbung, sondern Geschichten zählen. Kurzweilige Videos von Menschen und deren Werten und Ideen dahinter. Probieren Sie aus und lernen Sie, Sie haben ein paar Ideen und Hinweise erhalten, mit denen Sie morgen loslegen können.

Ich wünsche Ihnen jedenfalls viel Spass beim probieren, lernen und weiterkommen. Snapchat ist sicherlich nicht das Ende der Fahnenstange und nicht für jede Zielgruppe das gelbe vom Ei oder die richtige Ansprache. Aber die Mechanismen auf Social Media können Sie hier auf einfache und spielerische Weise kennen lernen und wer weiss, vielleicht lernen Sie von einer spannende Zielgruppe auf diese neue Art und können es in Ihr Unternehmen einbringen?

In diesem Sinne: *Happy Snapping!*

12. Über den Autor

Roger Basler ist Betriebsökonom FH und Unternehmens-Architekt. Er ist seit mehreren Jahren Referent und Autor und bekannt für innovative Geschäftsmodelle. Als Digital Native und einer Vorliebe füBr Sprachen und fremde Länder, war er lange als Berater im Ausland (u.a China, USA, Naher Osten sowie Nordeuropa) tätig. In seiner Funktion als Unternehmens-Architekt steht er etablierten Unternehmen und Startups in der Schweiz, Deutschland und Österreich in den Bereichen Business-Development, Digitales Marketing und e-Commerce als Investor und unternehmerisch beteiligter Berater zur Seite.

Er ist ausserdem Dozent bei Somexcloud (Social Media Academy), der KV Business School, dem IFJ (Institut für Jungunternehmer), sowie Autor diverser KMU Fachartikel und Bücher zu den Themen Startup, Produktivität, Zeitmanagement, Social Media und e-Commerce.

13. Buchtipp

Ich freue mich, wenn Ihnen mein Buch gefallen hat und möchte Ihnen an dieser Stelle zwei Werke empfehlen, welche zum Thema passen könnten:

Instagram für Rekrutierung und Employer Branding

Alle reden von Social-Media-Recruiting, aber die wenigsten setzen es auch ein. Dabei ist der erste Schritt dazu gar nicht so schwer. Es braucht nämlich kein X-Seiten langes Papier um Social-Media-Recruiting zu betreiben. Beziehen Sie doch einfach die Mitarbeiter mit ein. Wie das gehen kann soll Ihnen dieses Buch aufzeigen anhand von praktischen Beispielen und Erfahrungen.

Verfügbar auf Amazon.com.

HR braucht mehr PR

Ich habe mich in den vergangenen Jahren sehr intensiv mit der HR bzw. Personalbranche beschäftigt. Zahlreiche Umfragen fanden sowohl auf digitalem als auch auf persönlichem Weg statt. Nach einer Auswertung der Ergebnisse, steht fest, dass sich die HR Branche in einem sehr grossen Wandel befindet – was dabei zu beachten ist, darüber spricht dieses Buch.

Verfügbar auf Amazon.com

14. Haftungsausschluss

Das Werk einschliesslich aller Inhalte ist urheberrechtlich geschützt. Alle Rechte vorbehalten. Nachdruck oder Reproduktion (auch auszugsweise) in irgendeiner Form (Druck, Fotokopie oder anderes Verfahren) sowie die Einspeicherung, Verarbeitung, Vervielfältigung und Verbreitung mit Hilfe elektronischer Systeme jeglicher Art, gesamt oder auszugsweise, ist ohne ausdrückliche schriftliche Genehmigung sind untersagt. Alle Übersetzungsrechte vorbehalten.

Die Benutzung dieses Buches und die Umsetzung der darin enthaltenen Informationen erfolgt ausdrücklich auf eigenes Risiko. Das Werk inklusive aller Inhalte wurde unter grösster Sorgfalt erarbeitet. Dennoch können Druckfehler und Falschinformationen nicht vollständig ausgeschlossen werden. Der Autor übernimmt keine Haftung für die Aktualität, Richtigkeit und Vollständigkeit der Inhalte des Buches, ebenso nicht für Druckfehler. Es kann keine juristische Verantwortung sowie Haftung in irgendeiner Form für fehlerhafte Angaben und daraus entstandenen Folgen vom. Autor übernommen werden. Für die Inhalte von den in diesem Buch abgedruckten Internetseiten sind ausschliesslich die Betreiber der jeweiligen Internetseiten verantwortlich.

1. Auflage 2016

Autor, Herausgeber, Redaktion, Satz, Gestaltung (inkl. Umschlaggestaltung), Texte, Bilder, Titelbild: Roger Basler

www.ingramcontent.com/pod-product-compliance
Lightning Source LLC
Chambersburg PA
CBHW040914180526
45159CB00010BA/3065